AF278544

LETTRE

A L'AUTEUR

DE LA POLITIQUE

D'UN PROVINCIAL

PAR

ALBÉRIC DE GALAMETZ.

(Extrait du Journal l'ORDRE, d'Arras, n° du 11 Juin 1869.)

ARRAS

TYPOGRAPHIE H. SCHOUTHEER

RUE DES TROIS-VISAGES.

1869

POLITIQUE D'UN PROVINCIAL.

Mon cher Ami,

Les grandes lignes de votre ouvrage — *la Politique d'un Provincial* (1) — me paraissent excellentes, et sur les principes il n'y a pas dissidence entre nous. La *liberté*, c'est l'avenir de la France; aveugle qui ne le verrait pas ! Votre programme — le gouvernement du pays par le pays et la liberté par la décentralisation — est le véritable programme national; et, quand vous dénoncez l'administration préfectorale avec ses attributions exorbitantes comme l'écueil ou viennent fatalement échouer les droits de la nation et du citoyen; quand, à l'appui de cette affirmation qui jamais ne fut posée aussi franchement, vous accumulez les preuves, je dis que vous êtes au cœur de la question et absolument dans le vrai. La tutelle effective des préfets sur les établissements publics, les communes, les départements, les citoyens, leur immixtion arbitraire dans les élections, la confusion à jamais funeste de l'administration et de la politique, toutes

(1) Paris, Douniol, rue de Tournon.

ces pratiques érigées en systèmes, en principes, vous les combattez d'une plume vaillante ; c'est votre *Delenda Carthago*, et vous avez mille fois raison.

Après avoir sans hésitation découvert ces plaies dans toute leur nudité, en avoir fait toucher du doigt la gravité, avoir prescrit les amputations nécessaires, vous saluez à l'horizon prochain l'aurore de jours meilleurs ; et, passant en revue les diverses catégories de citoyens, vous signalez avec complaisance chez chacune d'elles des dispositions favorables. Vous qui, mieux que moi et d'un regard plus intelligent et plus froid, voyez l'abaissement des caractères, les errements des partis, les préjugés dont nul ne veut démordre, l'égoïsme de certains *libéraux* prostituant la liberté pour en faire à leur profit un instrument de despotisme, la stupéfiante naïveté de ces *hommes d'ordre*, fatale engeance de qui l'intelligence ne sait pas s'élever à comprendre que l'ordre, c'est-à-dire l'harmonie, doit de nécessité stricte reposer sur une liberté large, généreuse, s'étendant à tout et et à tous ; — vous qui voyez tout cela, vous n'hésitez pas cependant à croire que la vigueur du caractère français ne tardera pas à reprendre le dessus : en un mot, vous avez la foi, sans laquelle il vous eut été impossible de mener à terme le travail considérable qui vous a coûté tant de veilles et de méditations.

Sommes-nous vraiment près d'atteindre le but ? même en approchons-nous ? Les idées de liberté, de décentralisation pénètrent-elles toutes les couches de la nation ? l'esprit public est-il même revenu au point où il était arrivé aux jours où l'Assemblée législative de 1849, à laquelle vous rendez une justice bien méritée, élaborait les projets de loi d'organisation départementale et communale ? Je ne le pense pas : néanmoins, il serait injuste de le méconnaître, un grand mouvement s'opère dans le sens de la liberté ; des hommes mûris par l'expérience, d'autres plus jeunes, nouveaux-venus à la vie politique, entrent résolument dans la voie qui leur est ouverte; les satisfaits quand même restent seuls dans leur béate immobilité. Mais le premier pas seulement est fait. Que de progrès à accomplir! Que de préjugés à vaincre! Que de masques à arracher!

Si pessimiste que vous me jugiez, n'allez pas me prendre pour un de ces hommes qui hésitent dans la poursuite de ce qu'ils croient juste et vrai, parce que le succès leur paraît difficile; le découragement n'a guère prise sur moi, car je sais que si le droit et la vérité marchent trop souvent à pas de tortue, ils finissent cependant par arriver.

Toujours est-il que nous nous réunissons pour dénoncer la centralisation comme l'arme la plus funeste aux mains du despotisme — comme le pire des despotismes elle-même — pour réclamer avant tout les libertés locales et du citoyen, sources de toutes les libertés, pour protester énergiquement contre la main mise par l'administration sur les droits les plus sacrés de la nation et des particuliers, et contre je ne sais quel vice originel, qui ne nous permettrait pas d'être jamais un peuple libre.

Vous espérez que le suffrage universel amènera le triomphe de ces idées, hâtera la solution du problème; mais vous vous gardez bien de tomber dans le piége tendu à l'innocence populaire, quand on dit que le suffrage universel est par lui-même la liberté, et vous faites la très-juste distinction du droit et de la garantie du droit. Je crois, moi aussi, à l'avenir du suffrage universel; mais, pour qu'il fonctionne efficacement, il faut qu'il réunisse certaines conditions que vous énumérez et justifiez — qu'il soit raisonné, concerté, indépendant : la législation et la sagesse du pouvoir peuvent assurer les deux dernières conditions, la première ne saurait exister actuellement; le niveau de notre éducation politique n'est pas assez élevé pour que le vote soit toujours raisonné. Il est donc permis de se demander, si la mise en œuvre prématurée du suffrage universel n'offre pas quelques dangers dans un pays où les principes de 89 n'ont pu trouver encore leur application pratique en ce qu'ils ont de plus essentiel ; — si, le peuple entier demeurant la base de la représentation nationale comme il est la base de la société, l'élection ne devrait pas avoir son échelle comme la capacité de l'électeur.

Ceci est un doute, rien de plus, remarquez-le bien ; une transition eut été utile, cela me semble indiscutable : on s'est jeté d'un extrême dans l'autre — ainsi paraît l'exiger toujours la nature du caractère français : mais, d'autre part, revenir sur le suffrage universel après plus de vingt années d'exercice pourrait offrir des inconvénients sérieux, et certains y voudraient voir plus qu'un pas en arrière ; or, pas plus que la femme de César, les amis vrais de la liberté ne doivent être soupçonnés. Le devoir des honnêtes gens sera donc de chercher à ramener le suffrage universel aux conditions de sincérité et de loyauté qui ont honoré ses débuts, en le dépouillant de ses scories, et — car c'est toujours là qu'il faut en revenir — de combattre par tous les moyens légaux l'arbitraire administratif qui, peu satisfait de le diriger, — le dominant et le violentant, — fait du gouvernement, comme vous le dites admirablement, « un parti, une faction dans l'État. »

La première qualité d'un médecin, en ce sens que sans elle les autres seraient comme n'existant pas, est de savoir reconnaître la nature d'un mal et les causes qui l'ont engendré : ce point éclairci, le traitement devient facile à indiquer, et si le malade est assez sage pour l'observer régulièrement, assez énergique pour surmonter les crises qui le viendront assaillir, le salut est assuré — sinon c'est la mort.

Or, mon ami, vous avez sondé jusqu'à la racine le mal qui ronge la société française, vous en avez découvert les origines multiples, vous l'avez suivi pas à pas dans tous ses développements et ses transformations successives, et vous avez constaté que des organes essentiels de la vie nationale étaient sérieusement compromis ; mais l'examen scrupuleux auquel vous vous êtes livré vous a permis de conclure que le patient était solidement organisé, qu'il sortirait victorieux, même régénéré de ses épreuves, s'il consentait à suivre des prescriptions salutaires, en rompant avec les mauvaises habitudes du passé. Ces mauvaises habitudes, ces précédents funestes, nous en connaissons plusieurs ; les autres vont suivre.

D'abord la désunion profonde qui règne dans la société, dont l'effet est de réduire à l'impuissance des opinions isolées, hostiles, fatalement vouées à être un beau jour foulées de concert sous un talon brutal. Puis la confusion des idées, conséquence logique de cet esprit de discorde ; les principes les plus clairs obscurcis et falsifiés par le caprice du jour et les fautes des partis qui s'acharnent à élargir l'espace qui les sépare, au lieu d'unir leurs forces vives pour le plus grand profit du pays et le triomphe de la liberté. Cette pauvre liberté, combien la prônent, la courtisent, la revendiquent, à la condition, bien entendu, que le voisin n'en jouira pas ! On refuse d'admettre dans son camp les volontaires partis de certains points de l'horizon, notamment on prétend exclure ses défenseurs les plus convaincus, — j'ai nommé après vous les catholiques libéraux ; on les rejette « sans preuves, même contre les preuves » sous le prétexte qu'ils ne sauraient aimer la liberté, en réalité pour leur ravir leur propre liberté : et, pour couronner ce bel ouvrage, on se livrera et on livrera le pays aux baisers hideux du despotisme ; on préparera les voies aux hontes du Césarisme, que nos dissensions justifieraient presque, si le crime pouvait jamais être justifié.

Voyant ces démocrates autoritaires et révolutionnaires — *pessimum genus hominum* — mener ainsi le pays à sa perte, aidés de quelques libéraux, indignes du nom d'hommes de liberté, acharnés qu'ils sont à en compromettre les derniers vestiges et à la sacrifier à leurs entêtements de doctrinaires, vous ne pouvez contenir un mouvement de patriotique tristesse; mais bientôt, vous redressant contre la calomnie, vous restituez aux catholiques leur véritable caractère, et vous faites une justice éclatante de ces insensés qui poussent le pouvoir à s'appuyer sur la plèbe asservie, et satisfaite dans ses appétits brutaux.

Tel est le mal : quel sera le remède ? L'Union dans la Liberté : ce sera l'œuvre du *Parti libéral*.

Mais l'union, sous les auspices du parti libéral, ne sera réellement féconde que le jour où nos institutions et nos lois s'harmoniseront avec les principes libéraux, ainsi que vous le faites justement observer; et vous êtes dans le vrai encore, au moins dans une large mesure, alors que vous ajoutez que si les tentatives antérieures des gouvernements constitutionnels ont échoué, la faute en doit être imputée moins à l'impuissance des principes modernes qu'à notre histoire, à l'incohérence mise dans nos institutions par des révolutions sans cesse renouvelées, à la centralisation qui a entravé la formation des mœurs politiques, et qui met aux mains des gouvernements des armes dont ceux-ci sont toujours tentés d'user contre la liberté : la faute, hélas ! en est aussi à la liberté elle-même, qui n'a pas toujours su se séparer de la licence; qui, — elle aussi, a parfois abrité dans les plis de son drapeau

« Ce tas d'hommes perdus de dettes et de crimes, » dont le contact souille et compromet les plus nobles causes.

Donc il est urgent de réagir contre les traditions du passé, de dégager la liberté de tout alliage compromettant, et d'appliquer les principes modernes.

Ces principes sont la souveraineté nationale et la souveraineté individuelle. La nation délègue sa souveraineté à un gouvernement qui n'en est que le dépositaire, et cette délégation peut revêtir des formes diverses : les gouvernements accomplissent leur mission à l'aide des lois dont l'autorité repose sur une fiction nécessaire ; c'est ainsi qu'elles sont souveraines, et que l'autorité réside en elles, non dans le gouvernement : donc l'obéissance est due à la loi, non au pouvoir qui la violerait. Mais qui sera juge? qui exécutera la sentence? Devant ce problème redoutable, vous vous troublez, ce me semble : vous repoussez le droit à l'insurrection érigé en principe ; les circonstances seules pourront l'absoudre ou la condamner. A mon tour, je vous demande : qui sera juge? Vous vous hâtez d'ajouter, je le sais, que les régimes libres écartent de telles hypothèses, et qu'il n'y a plus d'insurrections légitimes. Les citoyens auraient un droit, c'est évident : mais, à moins de rendre l'humanité parfaite, c'est-à-dire d'en changer toutes les conditions, pouvez-vous affirmer que l'exercice de ce droit ne leur sera jamais contesté ; et pensez-vous réellement que le jeu naturel des institutions leur permettra toujours de le reconquérir?

De la société descendant au citoyen, vous reconnaissez qu'il a un droit absolu à l'usage de ses facultés, c'est-à-dire qu'il est souverain dans sa sphère, et que sa liberté n'a d'autres limites que la liberté d'autrui ; l'équilibre des libertés et des droits de tous constitue l'égalité, d'où cette conséquence que liberté et égalité représentent deux idées identiques. La souveraineté de l'individu étant légitime et nécessaire au même titre que la souveraineté nationale, ces deux principes sont également sacrés ; ils ne doivent pas usurper l'un sur l'autre : il appartient aux régimes libres de résoudre le problème.

Voilà donc les principes de 89 — liberté individuelle, souveraineté nationale, égalité, loi — qui dominent la société moderne : dans l'ordre social la transformation est accomplie ; dans l'ordre politique tout n'est pas fait, puisque la liberté n'est pas établie, et vous ajoutez qu'elle le sera seulement le jour où les divisions cesseront, où tous ceux qui s'accordent aujourd'hui sur les principes, mais non sur le degré de leur développement, se rallieront franchement au gouvernement du pays par le pays. Certes, je me garderai bien de contredire à cette proposition ; mais, lorsque vous indiquez la monarchie représentative comme le point de départ, et le gouvernement du pays par le pays comme le point d'arrivée, je vous demande en quoi ces deux idées sont exclusives l'une de l'autre.

Dans la recherche du régime qui assurera le mieux la pratique des principes qui viennent d'être exposés, vous étudiez d'abord la monarchie. Son histoire fut l'histoire de la nation française ; elle se modela merveilleusement sur toutes les formes qu'avait prises la société à travers les âges, et suffit à tous les besoins du peuple ; mais vous craignez qu'il ne soit plus en son pouvoir de donner la sécurité du présent et la stabilité de l'avenir ; on lui reproche, dites-vous, d'être un vestige de l'ancien régime, en contradiction avec un temps où l'égalité veut être absolue, de n'avoir pas présidé à la Révolution, et de ne l'avoir pas conduite à son terme en la préservant de ses fautes. La monarchie constitutionnelle aurait, comme son aînée, perdu le respect des peuples : les tentatives antérieures n'ont pas réussi, et tout nouvel essai se ferait sans les mêmes éléments de succès.

Il est certain que mille causes de nature très-diverse ont singulièrement affaibli le prestige de la monarchie — les énumérer m'entraînerait trop loin : est-ce à dire que cette forme de gouvernement doive être abandonnée, et qu'elle ne peut plus être utile à la patrie et servir la liberté?

Non, la monarchie n'est pas un vestige de l'ancien régime : sans doute certaines formes, certaines institutions qui lui faisaient cortége appartenaient en propre à des temps qui ne sont plus ; il en est autrement de la monarchie elle-même, qui — vous le reconnaissez — s'est plus d'une fois transformée dans le cours des siècles, et qui, aujourd'hui comme alors, peut se mettre au pas de la nation, répondre à ses vœux, satisfaire toutes ses aspirations légitimes. Et quand vous signalez la contradiction qui existerait entre la monarchie et les idées d'égalité absolue, « dans un temps où toute supériorité est odieuse, » je vous demande quel pouvoir, quelle autorité politique, sociale, religieuse résisterait à une telle discussion. Comment ensuite pouvez-vous lui reprocher de n'avoir pas présidé à la révolution, et de ne l'avoir pas conduite à son terme? La révolution, c'est 89, je suppose : qui donc y a présidé, si ce n'est pas la monarchie? Elle ne l'a pas conduite à son terme, il est vrai — de sorte que la voilà condamnée parce que, en dehors d'elle, même *contre elle*, et contre les volontés du pays solennellement inscrites aux cahiers des Etats, une minorité, maîtresse par la violence, « a commis des fautes — disons des crimes — qui laissent dans les cœurs de mauvais souvenirs. »

La monarchie constitutionnelle vous paraît désormais impuissante comme son aînée : mais il n'y a ni aînée ni cadette, c'est toujours la monarchie comprenant les besoins du temps comme elle a compris ceux du passé, et remplissant ainsi sa mission tutélaire. Je crois que les conditions d'un nouvel essai seraient plus favorables : les fautes commises seraient une source d'enseignements précieux, l'expérience du passé servirait de leçon pour l'avenir ; et vous-même avez pris soin de dire à quelles causes contingentes devait être attribué l'insuccès des premières tentatives de gouvernement constitutionnel en France.

Les erreurs, les fautes de la monarchie doivent-elles la faire condamner sans rémission ? et condamnerons-nous la liberté, parce qu'elle n'est pas impeccable ?

Votre appréciation de la monarchie revêt surtout les caractères de l'oraison funèbre : sur un mausolée de marbre et d'or vous répandez des fleurs d'une main pieuse — *manibus lilia plenis*, — et des bas-reliefs majestueux redisent ses hauts faits et les services dix fois séculaires rendus à la France. Puis vient l'arrêt qui la proscrit : « Tout nouvel essai serait fait sans les mêmes éléments de succès... la foi est éteinte... le dogme est mort. » — Non pas : « Je ne tire aucune conclusion relative à l'avenir de la monarchie. »

Nous ignorons encore quel régime amènera la solution du problème.

Serait-ce le second empire ?

Ici, plus que la vôtre encore, ma tâche devient difficile ; les livres ont des priviléges dont le journal ne jouit pas au même degré, et vous voulez que cette lettre soit publiée. Avant donc d'inventorier les titres du second empire, je me mettrai prudemment sous l'égide de cette maxime invoquée par vous-même, que le meilleur gouvernement pour un peuple est celui qu'il a. Toutefois, n'oublions pas l'anathème jeté à ceux qui « s'emparent violemment du pouvoir : » telle fut l'origine du second empire. Vous voulez espérer dans la perfectibilité de la Constitution, mais « la dictature qui a pris la licence pour prétexte ramène à la licence plus sûrement que la liberté. » Voilà le premier écueil de l'empire.

Le second écueil est le programme de l'*Empire démocratique*, ou plutôt *démagogique,* flattant les masses à l'exclusion des autres parties de la Société ; vous protestez, et vous constatez que les intérêts populaires sont également chers à tous, que tous en ont donné des preuves ; que n'eût pas fait dans cette voie la législature de 1849, si les mandataires du pays n'avaient été arrachés à leurs patriotiques travaux ? L'empire démocratique, ce serait le *Césarisme*—les masses repues, devenues insensibles aux maux d'une nature toute morale que le despotisme traîne à sa suite; l'humanité, troupeau stupide paissant au gré de ses appétits ; —ni indépendance, ni exercice des facultés, — tout pour les masses à l'exclusion de l'individu: la droiture, l'honnêteté faisant ombrage et troublant comme un remords, et contre cette droiture et cette honnêteté l'alliance du despotisme — cette licence qui descend du trône, et de la licence — ce despotisme qui s'élève de la rue : voilà les maximes que l'on préconise jusque dans les conseils du souverain, voilà les dangers qui nous menacent, que vous voyez grandir, et contre lesquels vous vous élevez avec une vigueur peu commune dans des pages très-remarquables.

Vous estimez que l'empire doit se tenir en garde contre lui-même, contre les excès du militarisme; vous l'engagez à prendre l'attitude d'un modérateur suprême, à donner une satisfaction égale à tous les intérêts, et à ne pas se séparer des hommes de liberté. Mais la logique est inflexible comme le destin ; les origines violentes d'un pouvoir ont une influence fatale sur ses destinées à venir ; et les prémisses que nous connaissons entraîneront-elles jamais comme conséquence le gouvernement du pays par le pays si énergiquement revendiqué?... L'avenir répondra.

Ici s'arrête votre examen, et nous demeurons, ce me semble, sans conclusion nette et bien arrêtée, ou plutôt nous affirmons ensemble que le jour où la liberté sera assise sur des bases inébranlables, nous aurons conquis la vérité. Je crois, moi, que c'est la monarchie qui amènera ce bienfait, et je suis tenté de penser que sur ce point même nous sommes peu éloignés de nous entendre.

Je m'arrête à mon tour ; et mon dernier mot sera encore : — Gouvernement du pays par le pays, et liberté par la décentralisation — le reste viendra de soi.

Vous m'avez prié de vous communiquer les impressions produites sur mon esprit par la *Politique d'un Provincial*, vous les connaissez : j'ai étudié avec un rare intérêt cette étude remarquable qui éclaire d'une lumière éclatante les principes sur lesquels repose la société moderne, et contraste singulièrement avec la frivolité de tant d'œuvres malsaines destinées à vivre un jour à peine, et dont l'inutilité et la médiocrité sont les caractères uniformes. La *Politique d'un Provincial* dissipera bien des préventions, rectifiera beaucoup de préjugés, surtout propagera utilement les idées de liberté vraie.

Mon adhésion manque d'autorité, je ne l'ignore pas ; mais j'ai tenu à saluer l'un des premiers l'œuvre d'un ami,

« Qui pour son coup d'essai voulut un coup de maître. »

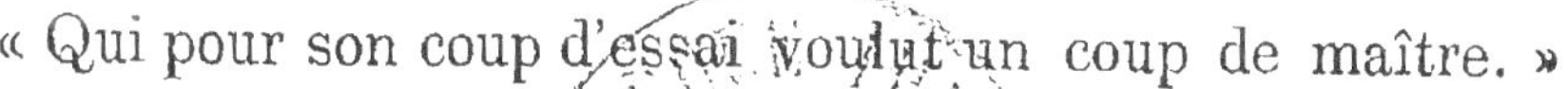

Arras, typ. Schoutheer, rue des Trois-Visages.